Ernst Merz

Der 1945 geborene Lyriker lebt seit 1993 in Pforzheim. Seit Eintritt in den Ruhestand widmet er sich dem Schreiben von „Gedichten in Reimen", tiefgründig, aber auch oftmals mit Humor angereichert. Seine Themen rollen nicht nur gesellschaftliche oder gesellschaftspolitische Probleme auf, sondern beschreiben auch gerne die Natur und die Liebe. Veröffentlichungen in Zeitschriften und diversen Anthologien.

www.goldstadt-autoren.de

Maggie Sieger, 1954 am Niederrhein geboren, lebt im badischen Königsbach. Die gelernte Zahntechnikerin begann im Jahr 2002 mit der Bildhauerei. Sie verarbeitet mit Vorliebe die hochwertigen heimischen Maulbronner und Pfinztaler Sandsteine, die einzigartig in ihrer Struktur sind. Nicht minder schwärmt sie für den aus dem Vinschgau/Südtirol stammenden Laaser Marmor.
Wenn die Bildhauerin nicht im Steinbruch oder im Atelier anzutreffen ist, findet man sie in der Tierarztpraxis ihres Gatten.

www.maggie-sieger.de

Sprudelnder Quell
Präsent in Reimen 3

Mit Skulpturen
von Maggie Sieger

Bibliografische Information der Deutschen Nationalbibliothek: Die Deutsche Nationalbibliothek verzeichnet diese Publikation in der Deutschen Nationalbibliografie; detaillierte bibliografische Daten sind im Internet über http://dnb.dnb.de abrufbar.

© 2016 Ernst Merz
Covergestaltung: Claudia Konrad, Pforzheim
Titelbild: Katja Reiss, Tier-Foto-Grafik, Markkleeberg
Titelhund: Xantino vom Scheibenholz, Großdeuben
Skulpturen: Maggie Sieger, Königsbach
Lektorat: Dr. Werner Engelhorn, Pforzheim

Herstellung und Verlag:
BoD – Books on Demand, Norderstedt

ISBN: 978-3-7347-3246-1

Inhaltsverzeichnis

Natur / Gefühle   7

Vermischtes   19

Politik   31

Zwischenmenschliches   43

Humoreske   57

Aus dieser Reihe erschienen   70

Danke   71

Dina

Morgendämmerung

In rotviolettem Gewand winkt der Morgen,
der dämmernde Tag bricht das Schweigen der Nacht.
Sensibel der Sinn, wenn die Fauna erwacht,
fühl mich in der Flora enteilt und geborgen.

Erwachender Sonnenschein streift über Wipfel,
der Mond winkt entkräftet, noch gibt er nicht auf.
Gespensterwelt weicht aus dem Zwielichtverlauf,
vereinzelt glänzt Schnee von den Höhen der Gipfel.

Der wabernde Nebel entgleitet der Lichtung,
verbannt werden Finger der Nacht durch das Licht.
Die gleißende Sonne den Tag sich erficht,
als Traumeldorado in Selbstinszenierung.

Es sind diese magischen Stunden in Andacht,
Natur als Geschenk in der Dämmerungszeit.
Juwelen der Schönheit, dem Wandel geweiht,
sind turnusgemäß aus dem Tiefschlaf erwacht.

Lenzeinzug

Winter lag in Frühlingswehen,
sein morbides Kleid zerrann.
Unbeeindruckt blieb sein Flehen,
Lenzens Drang an Kraft gewann.

Schmelzrelikt sind Tränenbächlein,
die beim Tau das Eis geweint.
Talwärts rinnen sie noch klein,
später glucksen sie vereint.

Triebe nicht nur in den Zweigen,
auch die Fauna wird aktiv.
Die Saison spielt auf zum Reigen,
Florabild scheint kreativ.

Leiser Singsang in den Lüften,
Grün ersprießt auf weiter Flur.
Blütenpracht erfreut mit Düften,
zeitgemäße Liftungskur.

Naturjuwel

Im Regenbogenzentrum plätschert munter,
ein märchenhaft versteckter Wasserfall.
Kaskadenartig fließt sein Strom hinunter,
aus tiefem Tal heraus ertönt sein Schall.
Zwei Felsen, die den Flussverlauf flankieren,
seh tausend bunte Tropfen überall,
vom Sonnenlicht beflutet sie brillieren.

Dies Zaubertraumidyll setzt in Verzücken,
auf Leinwand bannen möcht ich dieses Bild.
Durch reiches Farbspektrum mich selbst beglücken,
wie in natura fiel das Wasser wild.
Ich hoff die Umwelt schont den Leckerbissen,
muss weiterziehen, lächle dabei mild,
mein Herz wird das Naturjuwel vermissen.

Perfektionsrelikt

Bizarr und knorrig, tausend Jahre alt,
gepflanzt erspross er zart aus hartem Kern,
ward tiefgewurzelt zum Olivenbaum,
der gute Boden bot ihm Stand und Halt.

So viele Nachbarbäume hätten gern
von ihm die Älterwerdenrezeptur,
trotzt Herbstes Stürme und der Trockenheit,
blieb Feuersbrunst bisher dem Baume fern.

Im Mai mediterraner Blütentraum
schenkt zweijährig danach die reife Frucht,
geschmacklich bestes Öl kommt kaltgepresst
aus Kreta und dem Kalamataraum.

Am Borkenriss nagt die Naturgewalt,
acrylgemalt auf Leinwand, recht skurril,
gilt dieser Baum als Perfektionsrelikt,
schmückt manch Tavernenwand als Mystgestalt.

Honigtau

Holder Zauberduft aus Rosen, Flieder,
legt sich sinnentfesselnd auf uns nieder.
Heiß entbrennt spontane Leidenschaft,
Augenpaare spiegeln diese wider.
Unergründlich, fast schon mythenhaft,
transzendierst du spiritive Kraft.

Blumenflair ist mit dem Herbst verzogen,
so wie du. War alles nur gelogen?
Eiseskälte schnürt die Seele ein.
Schmetterlinge sind dem Bauch entflogen,
Höllenqualen martern dort und Pein,
tot geglaubt das Ich und eigne Sein.

Blütenpracht neu Sinne inspirieren,
Duft im Wind, den Blumen reflektieren.
Amors Pfeil, er landet zielgenau,
nehm mir Zeit, dies Herz zu präferieren.
Emotionen finden aus dem Stau,
sind gewarnt vor süßem Honigtau.

Zeit der Gefühle

Der Vögel Zwitschern, ihr erstes Frohlocken,
verkünden als Boten den Frühlingsbeginn.
Vorbei sind die Tage mit Regen und Schnee,
noch fliegt nicht der Staub von Blüten in Flocken.
Die Zeit und Gefühle bestimmen den Sinn,
Natur lockt ins Freie, zur Traumodyssee.

Im Trieb sind Knospen an Sträuchern und Bäumen,
in tiefsattem Grün schickt Lenz seine Boten.
Die Flora im Saft beginnt sich zu schmücken
und kahle Äste mit Blättern zu säumen.
Vom Süden zurück sind viele Exoten,
ihr Nachwuchs wird bald schon jeden beglücken.

Verlängerte Tage und lau die Lüfte,
entspannt und betört nimmt man vieles neu wahr.
In Flur, in der Heide erwacht das Leben,
verzaubernd verbreiten sich sanfte Düfte.
Natur als ein Schauspiel, sie reizt Jahr für Jahr,
bringt Seelengefühl beim Anblick zum Schweben.

Widerhall

Lass mich in fremde Melodien fallen,
wenn Inbrunst ihres Klanges das erreicht.
Werd eins mit ihnen, spür das Echo hallen,
ein Hochgefühl durch meine Sinne schleicht.
Empfinde tief, noch eh sie recht beginnen,
ich schäme mich der Tränen nicht, die rinnen.

Es sind meist Lieder, die vom Leid erzählen,
auch wenn der Sprache ich nicht mächtig bin.
Es blieb nur Moll für Pein und Schmerz zu wählen,
die Seele schmilzt emotional dahin.
Der Muse Flügel können weit mich tragen,
nicht jede Waise zelebriert ein stilles Klagen.

Verzaubertes Nass

Vom Schnee sind schütterkahle Zweige noch bedeckt,
er glänzt wie feiner Diamantenstaub.
Wenn warmer Sonnenschein an Eiskristallen leckt,
enthüllt sich Weiß, entblößt das Moderlaub.

Talabwärts plätschert leis der Schmelz als Rinnsal hin,
entzaubert ist des Flockenkleides Pracht.
Im Duellieren siegt durch Kraft der Lenzbeginn,
der Schnee im Tau verliert die letzte Schlacht.

Natur genießt das Labsal, trinkt es voll Genuss.
Befreit aus winterkaltem Klauenfang,
erblüht das Land zu sattem Grün, voll Überfluss.
Ein Faunachor frohlockt mit Frühjahrsklang.

Zepterwechsel

Aus eisigen Fesseln des Winters entgleitet
der Frost, gibt das Zepter nur schwer aus der Hand.
Sein Abschiedsgesang klingt wie hämisches Lachen
im Wind, was sich schauderhaft weithin verbreitet.
Mein Blick schweift, geblendet vom Schnee, hin zum Rand
des Waldes, er sehnt sich nach Frühlingserwachen.

Nur zögerlich schmilzt in der wärmenden Sonne
das Weiß, kleine Rinnsale queren das Land.
Erleichtert der Last, strecken schüttere Äste
die Zweige gen Himmel, mit steigender Wonne.
Adieu kalter Winter, sein Ende er fand
mit Einzug des Lenzes, mit ihm seine Gäste.

Ihr Jubelgesang bricht heraus aus dem Dunkel
des Forstes und breitet sich über die Flur.
In riesigen Schwärmen vollführen Insekten
ihr Tanzritual im Sonnengefunkel.
Beendet ist endlich die lange Klausur
des Lenzes, erstrahlt neu in Schönheitseffekten.

Starke Gefühle

Die Sterne verblassen im Blau des Azur,
ein blutroter Ball steigt erleuchtend empor.
Der Farbwechsel dauert Minuten dann nur,
im Schwinden der Halbmond, den Kampf er verlor.

Gespenstische Ruhe herrscht morgens am Strand,
das Meer erscheint blendend, verspiegelt im Licht.
Erst später, da schieben sich Wellen an Land,
der Sonne Zenitstand das Wasser durchbricht.

Wenn abends entkräftet das Strahlen vergeht,
manch trauriges Lied zur Bouzouki erklingt.
Die Mentalität nicht gleich jeder versteht,
Gefühle sind stark, wenn ein Grieche es singt.

Ein Schiff bringt mich heimwärts, lass Freunde zurück,
ein Abschied für immer, er wird es nicht sein.
In Eindrücken schwelgen noch Freude und Glück,
bei trauter Musik stellt sich Wehmutsschmerz ein.

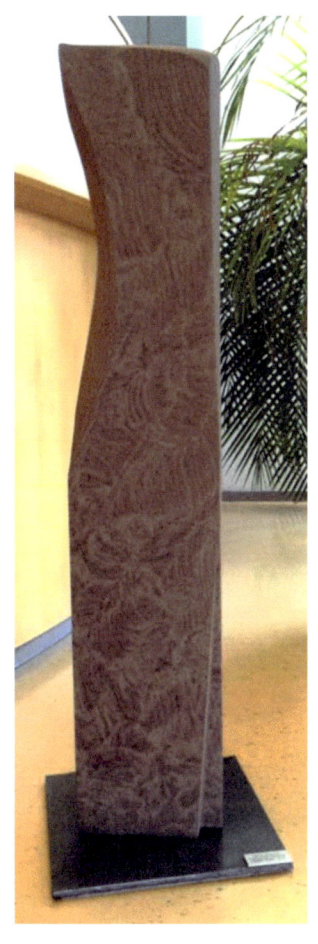

Die Unbekannte

Monströses Fabeltier

Einst lebten Mischwesen aus Pferd und Menschenkopf,
im Griechenmythos neben Götterwelten.
Zentauren warf man vor, und das nicht selten,
sie nähmen weibliche Gelegenheit beim Schopf.

Auch Hinterlist und Streitsucht sagt man ihnen nach,
sie tranken und sie frönten guter Weine.
Die Krieger kamen selten nur alleine,
doch im Lapithenkrieg erlagen sie mit Schmach.

Den Menschen fehlten rege Argumente
für eine plötzliche Zentaureninvasion.
Es blieb beim Phänomen der Angstmomente.

Der Ursprung dieser Sagen liegt auf Pilion,
nur spärlich hier Kentaurenmonumente.
Sie findet man auf einer Inselexkursion.

Nächtliche Stunden

Der Widerschein des Mondes von der Sonne,
strahlt hell aus dichtbesterntem Himmelszelt.
Versetzt das Land in eine Zauberwelt,
für mich ist dieser Anblick keine Wonne.

Bizarr erwachsen tausende von Schatten,
als Spukgespenster lauern sie mir auf.
Nehm Höllenängste zwanghaft nur in Kauf,
kein Blick nach links und rechts will ich gestatten.

Ein Waldkauzschrei durchbricht die Totenstille,
auch Fledermäuse sind auf Beutejagd.
Die Angst ist es, die an der Seele nagt,
vergrößert schaut ins Dunkel die Pupille.

Ich ignoriere Qualen dieser Stunden,
trotz Graus, Verfolgungswahn und Schattenschreck.
Die Odyssee bei Nacht dient einem Zweck,
stell mich der Furcht, so kann Phobie gesunden.

Räubermythos

Im Volksmund als Räuber benannt:
Verwegen durchkreuzten im Sturme Piraten
die Weiten der Meere, wie Vögel so frei.
Geenterte Schiffe, sie sanken wie Blei,
nach Seeschlachten frönte der Suff ihre Taten.
Die Freibeuter wurden verbannt.

Als Frauenschwarm allseits bekannt:
Geschickt entern Machos die weiblichen Seelen,
versenken Gefühle in eiskalten Grund.
Gebrochene Herzen verbleiben tiefwund,
Enttäuschung und Schmerz können sie nicht verhehlen.
Gefahren im Taumel verkannt.

Nicht alles ist restlos verbrannt:
Aus schwelender Asche steigt zaghaft das Morgen,
Vertrauen und Hoffnung sind Nahrung der Glut.
Die ehrliche Liebe, als kostbares Gut,
teilt endlos ihr Glück, wie auch tägliche Sorgen.
Sind Halbgötter endlich entmannt?

Dummheit

Ein Mäuslein kam schnuppernd aus seinem Versteck,
betörend der Duft, den es kannte.
Von weitem schon lockte ein großes Stück Speck,
in Fresslaune es zu ihm rannte.

All Vorsicht schwand hin, sah den Trug viel zu spät,
saß kurz darauf fallengefangen.
Der Kater erspähte die Maus im Gerät,
verharrte beim Tatzenhinlangen.

Ihr Stimmlein ertönte: „Dir steht ein Wunsch frei,
wenn du mich befreist aus dem Eisen.
Dann ruf ich Geschwister und Kinder herbei,
du kannst sie statt meiner verspeisen."

In Gier hob der Kater die Falltür empor,
sie war ihrem Käfig entsprungen.
Es piepste die Sippe verhöhnend im Chor,
die Hinterlist war voll gelungen.

Lässt dich der Verstand jemals aus seinen Krallen,
bist du deiner eigenen Dummheit verfallen.

zwergenfindling

winzig und kaum sichtbar klein
ableger vom siltgestein
nennt sich sandkorn allgemein
lässt sich unleicht nur entzwein
führt gelegentlich zur pein

lass es nie ins uhrwerk rein
unscheinbar doch sehr gemein
blinkt im lupenspotlichtschein
stellt dem lauf als zwerg ein bein
nistet sich in rädchen ein

hochgenuss ein gläschen wein
trink es mit bedacht hinein
mancher rest birgt säurestein
filigran erscheint er fein
siehst du ihn dann lass es sein

plötzlich hört man lautes schrein
schmerzen martern ungemein
tränen rollen hinterdrein
korn spült weg von ganz allein
fang es auf dann ist es dein

Du bist

Erstrahlt ein Sternsaphir in grellem Lichte,
wird es in ihm gebrochen, hell und klar,
so, wie dein Augenglanz, löst er Gefühle.

Doch Dunkelheit macht dieses Bild zunichte,
es schwindet hin, macht sich den Blicken rar,
gebrochen ist der Bann, zurück bleibt Kühle.

Bizarr kommt Blau im Kerzenlicht zum Blühen,
das Antlitz reflektiert den smarten Schein,
dein Beben lässt empfinden, ohne Worte.

Wenn kreative Fantasien sprühen,
verwandeln Schnitt und Form das bloße Sein,
mein Edelstein bist du, der liebste dieser Sorte.

Das böse Federvieh

In Spatzenhirnen liegen Nerven blank,
im Flug lockt üppig Essen sie sofort.
Beim Futterplatz entbrennt ihr Neideszank,
sie stürzen gierig auf den Gabenort.
Laut piepst das Volk, doch nicht etwa aus Dank,
der Fressplatz ist zugleich ihr Freiabort.

Heut wurd der Gartentisch vom Kind gedeckt,
ein Frühstückstraum voll Sinnesharmonie.
Das Elternpaar hat sich zu Tod erschreckt,
sie leiden unter Vogelallergie.
Abrupt aus ihrem Sonntagsschlaf geweckt,
entbrennt die Sperlingsfrustantipathie.

Der Schwarm genoss die Zeit in Saus und Braus,
flog rasch davon, denn Unheil kam in Sicht.
Das Kind, es weint, verschwindet schnell im Haus,
versteht den Ärger seiner Eltern nicht.
Ihm blieb der Dank für seine Mühe aus,
es wäre klug, wenn man darüber spricht.

Gestörter Geist

Hüttenzauber schürte sein Intimverlangen,
Kerzenschein umhüllte flackernd ihr Gesicht.
Sinnfixiert war er auf Liebeslust erpicht,
konnte keinen Treueschwur von ihr erlangen.

Todgeweiht hat sie den Abschiedskuss empfangen,
alabastern schien die Haut im Zwiescheinlicht.
Starre Augen blickten, eh er weitersticht,
endlich war sie sein, ist stumm vor ihm gegangen.

Nach Vermisstenmeldung wurd der Ex gefangen,
der wies von sich, dass er eine Tat begangen,
wer nach ihm sie hätt geliebt - er wusst es nicht.

Tot im Wald entdeckte man den Bösewicht,
seine kranke Psyche für die Bluttat spricht,
war post mortem nicht mehr zu belangen.

Symbiose

Ist Platz auch im Himmel für Seelen der Hunde,
die sehnsüchtig warten dort oben auf dich?
Das Scheiden nach Jahren, sehr tief reicht die Wunde,
wer geht, lässt den besten Freund leidend im Stich.

Reinkarnation, als ein Wunschtraum im Leiden,
die süßesten Double nur Kurzzeitersatz.
Wie soll man Symbiose in Liebe vermeiden,
letztendlich beendet das Jenseits die Hatz.

In blühender Fantasie schweb ich nach oben,
erlebe dort hautnah das Traumparadies.
Seh erdengleich zwischen den Hunden ihn toben,
mein Vierbeiner, der mir stets Treue erwies.

Ein Welpe beendet die Phase der Trauer,
verbringen gemeinsam nun kostbare Zeit.
Wir passen uns an, werden älter und grauer,
die Wunde von damals, längst ist sie verheilt.

Raindrops

Regentropfen perlen über mein Gesicht

Atemlos lausch ich, hör dumpfes Grollen

In der Ferne sich ein Blitz im Blickfeld bricht

Nach erfolgtem Schreck bleibt er verschollen

Dunkelheit macht Warten unerträglich

Raue Winde durch die Straßen fegen

Ob du bei dem Wetter kommst, ist fraglich

Pfützen, knöcheltief auf allen Wegen

Seh dein Konterfei, es macht mich glücklich

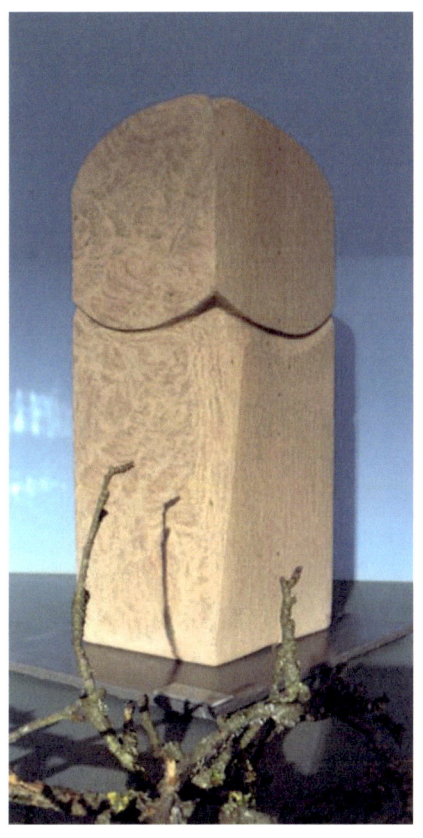

Kleine Eule

Reisephilosophie

Es gab viele Gestern, es gibt viele Morgen,
im Jetzt und im Heute passiert grad das Leben.
Was war, ist gewesen, was kommt, ist die Zukunft,
das Reiseziel: Welt ohne Hunger erstreben.

Die plätschernden Bächlein, sie fließen recht friedlich,
vereinen sich später zu riesigen Meeren,
metapherngleich sollten das Völker erstreben.
Was wollen die Staaten mit riesigen Heeren?

Doch selbst in Familien entstehen Konflikte,
erscheinen durch Reden ganz anders im Lichte.
Das Glück in der Ferne, es baut auf Erkenntnis,
das Gestern und Heute ist morgen Geschichte.

Sammelsurium

Zuerst war es Staub, der sich lang angesammelt,
dazu kamen Speisen, sie waren vergammelt,
beim Fortgehen hab ich die Tür zugerammelt,
denn nach mir, da haben sich Mäuse versammelt.

Komm heim mit viel Plunder, der hat kaum noch Platz,
zu voll ist die Stube, ich hüt meinen Schatz.
Bring mit für die Mäusejagd mir eine Katz,
sie fängt diese Stinktiere, frisst sie ratzfatz.

Mein Hund weckt mich mittags zum Sperrmüllbesehen,
vielleicht find ich etwas, das lass ich nicht stehen.
Beschwerlich, so vollgepackt Runden zu drehen,
mein Leben ist zwanghaft, das muss ich gestehen.

Ein Glück, dass schon Frühling ist in diesem Land,
erneut quellen Rechnungen über den Rand.
Zieh weiter, bevor ich zum Eid heb die Hand,
von Süden nach Norden, dort Wohnraum ich fand.

So treibt mich die Sammelwut weiter und weiter,
mein Hund ist mir dabei stets treuer Begleiter.
Beim Arzt finde ich meine rettende Leiter,
die Heiltherapie ist ein Ausstiegbereiter.

Teufelskreis

Hineingeboren ist dein zartes Wesen
in eine kalte Welt, die sich zerstört.
Moral und Sitte werden nicht erhört,
sind für das Kapital nur Lastprothesen.
In schizophrener Gier verkommen Werte,
die doppelte Moral dich niemand lehrte.

Auf Schicksalswegen kämpftest du verbissen,
erträumtest dir ein Glück in Harmonie.
Das Wunschkonzert der Hoffnungssymphonie
fiel aus, du wolltest Gründe dafür wissen.
Verzweiflungsschrei verhallte in der Leere,
bezwangst im Lebenskampf die dunklen Meere.

Für dich wird es Gerechtigkeit nie geben,
so war es, ist es, wird es immer sein.
An Macht gemessen wirkst du schwach und klein,
dem Teufelskreis entkommt kein armes Leben.
Ein Pokerspiel, gezinkt sind seine Karten,
das Zufallsglück lässt ewig auf sich warten.

Wie im Leben

Ein Misthaufen als Hierarchie,
der Hahn steht obenauf.
Den ganzen Tag schreit dieses Vieh,
so ist bestimmt der Lauf.

Auf allem trampelt er herum,
weil er das darf und kann.
Er hält den Mist doch eh für dumm,
sein Aufstieg steil begann.

Die Hühner nehmen ihn in Kauf,
ihr Ausstieg Utopie.
Auf ihnen sitzt der Gockel drauf,
gedankt hat der's noch nie!

Wenn erst der Haufen groß genug,
der Hahn den Halt verliert.
Zu Hühnern fehlt ihm der Bezug –
er hat nur kräh'n studiert!

Gespaltene Zungen

Auf Flucht vor Tod und doch nicht angekommen,
vor dickem Natozaun ist Halt.
Millionenleid lässt viele kalt,
Asylrecht per Dekret zurückgenommen.

„Wir schützen unser Volk" ist die Devise,
Verpflichtung damit annulliert.
Wenn Politik Verrat diktiert,
wird der Europatraum zur ernsten Krise.

Gewisse Staaten, die an sich nur denken,
forcieren so den Völkermord.
Sind blind zu Krieg und Fluchtrekord,
ihr Ziel, die Menschenströme umzulenken.

Moral gebietet Schutz den Todgeweihten,
egal dabei die Konfession.
Es gibt nur diese Option:
Sie sicher auf dem Freiheitsweg begleiten.

Wetterhoch

Das Land, es leidet unter Trockenheit,
Olivenhaine betteln um das Nass.
So weit man sieht, kein Wölkchen weit und breit,
an Ästen hängen Früchte, klein und blass.
Das Wasser, rationiert auf Tageszeiten,
ein Ernteausfall Not und Leid bereiten.

Im Pinienwald ein helles Feuer brennt,
am Straßenrand hat es der Müll entfacht.
Die Feuerwalze alles überrennt,
vernichtet Existenz in einer Nacht.
Den Bauern bleibt nur beten und zu hoffen,
meist sind die Ärmsten von dem Schmerz betroffen.

Touristen lockt es an des Meeres Strand,
sie lieben Sonne unterm Himmelszelt.
Nichtsahnend, was passiert im Hinterland,
sie buchten Wetterhoch in fremder Welt.
Man darf auch gern aus seiner Sandburg kriechen,
erfährt vor Ort das Schicksal vieler Griechen.

Elefantenkultur

Ein Riese in buntgrellem Scheinwerferlicht,
sein Auftritt perfid programmiert.
Manege begrenzt seinen Schritt und die Sicht,
die Darbietung durchinszeniert.
Ein Stab, der ihn notfalls zum Tun motiviert,
als Dank wird ihm Brot für Gehorsam serviert.

Des Dickhäuters Augen, entmutigt im Blick,
sie sprechen von seelischer Pein.
Dressur in Gefangenschaft ist sein Geschick,
in Ketten, am Tage allein.
Den Rüssel erhoben, sein Gruß nur zum Schein,
der Stolz längst gebrochen im Abhängigsein.

Ob Sommer, ob Winter, stets Wagentransport,
ist das Elefantenkultur?
Steht beifallbeklatscht im Revuezirkushort,
anstatt in vertrauter Natur.
Gebt ihm seine Freiheit, am besten sofort,
für ihn ist Gefängnis zu Lebzeit kein Ort.

Zeichen der Zeit

Die Mittagszeit duldet kein Rasten,
mit ihr zog die Ruhe dahin.
Der Arbeit Getöse ist störend
und Sonne fällt aus dem Azur.
Still zeigt sich der Wald, ohne Hasten
und Schweigen entspannt edlen Sinn.
Das Einssein mit sich höchst betörend,
in quellendurchrauschter Natur.

Ein Film spult sich ab aus der Kindheit,
als heilig die Ruhezeit galt.
Kein Laut und die Läden geschlossen,
die Psychententakel gesund.
Die Realität spiegelt Wahrheit,
durch Lärm wird das Herz krank und alt.
Schlaraffenidylle verflossen,
die Zeichen der Zeit sind der Grund.

Unentschlossen

Wen soll ich nur wählen,
sehr schwierige Frage.
Auf wen kann ich zählen,
kommt Schwindel zutage?
Sie nehmen den Mund voll
mit leeren Versprechen,
im Nachhinein wächst Groll,
weil viele sie brechen.
Den Status erhalten,
trotz Oppositionen,
die Wahlzeit verwalten,
im Schlafzustand thronen.
Ich bin unentschlossen
bei all den Gefechten,
wähl ich Rotgenossen,
so schwäch ich die Rechten.
Den Einheitsbrei schmäh ich,
er kommt von der Mitte,
erhalt unterm Bruchstrich
doch meistens nur Tritte.
Bei Reichtum und Armut
klafft größer die Schere,
am Gären die Stinkwut,
zieh für mich die Lehre.
Die Kreuze, die setz ich
nur da, wo ich denke,
bisher offensichtlich
nur Sitzfleischgeschenke.

Alltag

Wie aus Schablonen die Austauschgesichter,
starr ihre Mimik und leblos.
Heiterkeit zeugen, fast sinnlos,
sichtlich sind sie Gutelaunevernichter.
Vorprogrammiert ihre Tage und Jahre,
freudlos ihr Leben, bis hin zu der Bahre.

Ganztagesmuffel erzürnen Gemüter,
nutzen meist wichtige Stellen.
Lächeln nie, lautstark ihr Bellen,
spielen gern Staat als Gesetzesverhüter.
Tun so, als wären sie oberste Riege,
haben stets recht, führen Wortgefechtskriege.

Gott sei's gelobt und gedankt und gepriesen,
jauchzet den Frohsinnnaturen.
Lacht über Karikaturen,
die euch als Irrlichter Stunden vermiesen.
Leben heißt lieben und weinen und lachen,
irdische Dinge, die Feuer entfachen.

 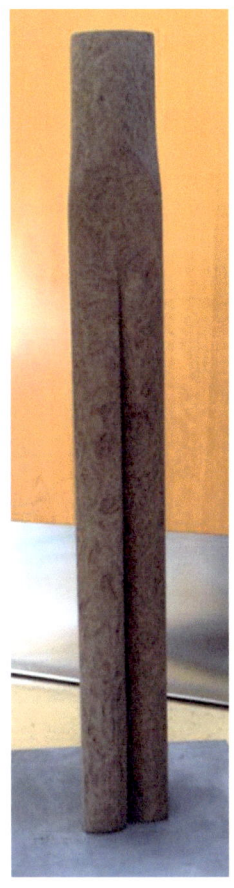

Borke   Bene

Der einsame Wolf

Geprägt von Verletzung, Enttäuschung und Fallen,
ergibt sich dem Schicksal, weit abseits der Meute.
Jagt lang schon nicht selber die eigene Beute,
ist trotz alledem noch der Klügste von allen.

Nur selten erwischten ihn schneidende Krallen,
weil Isegrimfrau seine Stinklaunen scheute.
Lebt einsam, allein, was bis heut er nicht reute,
sein nächtliches Heulen ist schnell am Verhallen.

Beim streunenden Wolf landet es in den Fängen,
bevor er zu alt und ergraut ist sein Fell,
das weibliche Konterfei, eventuell.

Ganz instinktiv wird sie zum Nachwuchs ihn drängen,
an Freiheit gewöhnt, fühlt er sich unter Zwängen,
so scheitert schon bald dieses Lebensduell.

Die schönste Zeit

Ich spür, dass es die wahre Liebe ist,
weil Herzen plötzlich pochend schneller schlagen.
Hör durch die Stille leis dich flüsternd sagen,
dass du in meiner Nähe glücklich bist.

Im Bauch ein Schmetterlingsgefühl erwacht,
es schwebt nicht fort, ist seitdem dort verblieben.
Sich Hand in Hand im Abendschein verlieben,
von Seligkeit erfasst, vom Mond bedacht.

Dein sinnlich zarter Kuss ist engelsrein,
die Augenpaare wortlos Bände sprechen.
Das Glück der Zweisamkeit darf nie zerbrechen,
jetzt fühlst auch du, das muss die Liebe sein!

Eltern

Sie lieben ihre Kinder, wie sie sind,
im Geist behindert, sehend oder blind.
Die Diagnose traf sie anfangs sehr,
seither verlief ihr Leben folgenschwer.

Es schauen Augen täglich starr sie an,
trotz Liebe kommen sie nicht näher ran.
Gefühlssymbiosen fesseln, machen stark,
spontane Emotionen gehn ins Mark.

Die Eltern werden gleich den Kindern alt,
verlieren selten voller Schmerz den Halt.
Den Helfern Dank, denn diese mühen sich,
sind seitdem nicht alleinverantwortlich.

Der Tag- und Nachteinsatz zeigt Grenzen auf,
sie überschreiten, nehmen sie in Kauf.
Doch wer vermittelt Liebe, Zärtlichkeit?
Was bleibt ist Defizitbetreuungszeit.

Körperklang

Nicht leicht, noch Töne zu entringen,
wenn lang verstummt ein Instrument.
In einem Zuversichtsmoment,
kann nur dem Maestro es gelingen.

Mit Hingabe kann das erbringen,
dem dies zu eigen als Talent.
Ein Laie sicher nicht erkennt,
dass Klangkörper allein nicht schwingen.

Der Menschen Seelen sind ihr Eigen,
recht zart besaitet sie sich zeigen,
in Resonanz gerät, wer liebt.

Allmählich brechen sie ihr Schweigen
und fangen an, sich zu verneigen,
vor dem, der für sie alles gibt.

Schwarze Wesen

Hexensymbol ist der Besen aus Reisig,
kratzbürstig fegt er Sensibles dahin.
Wer ihn besitzt, dessen Aura wirkt eisig,
ihm fehlt für Harmonie jeglicher Sinn.

Früher sind Hexen auf Besen geritten,
haben mit Flüchen manch Leben zerstört.
Lauthals gekreischt und verbal sich gestritten,
über ihr Tun war die Menschheit empört.

Heut ist symbolisch das Smartphone der Besen,
Hexen der Neuzeit, sie schwören darauf.
Flüge von Ort zu Ort, das ist gewesen,
löschbar sind Flüche sowie der Verlauf.

Sind durch Erziehung zum Monster erkoren,
spritzen ihr Gift tief in Seelen hinein.
Wirst du zum Opfer, so hast du verloren,
erntest im Freundeskreis Häme und Pein.

Märchengestalt

Aus Märchen in schillernden Farben geboren,
gebündelte Schönheit, gekreuzt mit Verstand.
Als Fata Morgana im Sarigewand,
hatt ich dieses Sinnbild in Liebe erkoren.

Platonisch ward sie als Vision ausgegoren,
voll Perlen bestickt war die Stulpe der Hand.
Verweht ist ihr Bild wie vom Sturme im Sand,
in Jahren der Reife ging dieses verloren.

Die Mythen von tausend und noch einer Nacht
sind Wahrheit geworden, noch eh ich's gedacht,
ich fand neue Liebe, fast war sie erfroren.

Vor mir steht in weiblicher Schönheit und Pracht,
das Abbild der Träume, was ich einst erdacht,
wir haben uns Treue für immer geschworen.

Wahnsinnssuchtliebe

Ein Fluch umschleicht unsichtbar Gräber und Hügel.
Hier wandeln gebrochene Herzen, sie klagen
ihr Leid, aus verflossenen irdischen Tagen.
Geschunden die Seelen, gebrochen die Flügel.
Der Sumpf an Gemeinheit war schuld am Verzagen,
kein Pseudoglück konnte die Schicksalslast tragen.

Der Wahnsinn, einst engster Vertrauter der Liebe,
stets manipulierte er Angst durch Intrigen.
Im Keim blieben Hoffnung und Zuversicht liegen,
aus Leidenschaft wucherten tödliche Triebe.
Vernunft unterlag, Euphorie war am Siegen,
nur Eifersucht konnte noch phönixgleich fliegen.

Die Selbstlosigkeit zwang den Neid zum Erblassen,
in irrer Manie schwelte Rache noch schlimmer.
Sie brach jeden Stolz, auch Verlangen für immer,
nie wurden der Freiheit Triumphe gelassen.
Durch Bosheit und Tücke verschwand Glanz und Glimmer,
aus Gruften tönt nachts herauf Wehleidgewimmer.

Phönixgleich

Die Glut der Liebe, abgrundtief versunken,
dort still verborgen, auch die Empathie.
Im Rausch der Wellen klang die Symphonie,
bis sie im Tränenmeeresgrund ertrunken.

Aus Traumvisionen hast du mir gewunken,
die Zeichen der Verzweiflung sahst du nie.
Befremdlich tragisch klang die Melodie,
verstummte ganz, mit ihr der letzte Funken.

Die Trauer hat ein Ende, ich will leben,
aus Willenskraft heraus die Schuld vergeben,
auch Phönix stieg empor in Zuversicht.

Mag Seelenstürme fasziniert erleben,
wie Spinnen Netze um zwei Herzen weben,
die Zukunft malt mir Freude ins Gesicht.

Selbstlos

Aus Liebe geöffnetes Herz zeigt Erbarmen,
wenn Elend den Grund dieser Seele berührt.
Es weiß, dass ein Geben stets edler denn Nehmen,
wer nimmt und nie gibt, den lässt Leid ungerührt,
verantwortungslos die Gefühle verarmen.

Ganz uneigennütziges Handeln bedeutet,
Geschöpfen zu helfen aus jeglicher Not.
Versprechen in Liebe, wie oft schon gebrochen,
die Waage des Lebens kommt so aus dem Lot,
das Ungleichgewicht wird als Warnung gedeutet.

Ein wenig Verständnis entriegelt oft Türen,
dahinter verbirgt sich das selbstlose Sein.
Sind Herzen im Einklang, die Fehler vergeben,
dann bettet auf Dauer das Glück sich selbst ein,
durchflutet den Geist, lässt ihn Dankbarkeit spüren.

Im Liebesbann

Wie gern würd ich reuevoll Blumen dir schicken,
als Rosen so rot, mit bezauberndem Duft.
Im Geist schwebt dein Schatten mir nach in der Luft,
er folgt mir mit deinen gar feurigen Blicken.

Entferne aus alter Verletzung die Spuren,
verzeih mir in Liebe, die Hass niemals kennt.
Im Feuer die Leidenschaft unlöschbar brennt,
wenn Sinne betäubt sind durch Kussmundkonturen.

Versöhnen soll uns ein Strauß blutroter Rosen,
mit Tränen getränkt, die ich heimlich geweint.
Sein Duft flammt die Glut, sie will heiß mich liebkosen.

Im Bann tiefer Liebe sind wir jetzt vereint,
erspüren, wie Stürme die Seelen durchtosen.
Am Horizont neues Vertrauens erscheint.

Alltagserwachen

Wie nur soll ich deine Liebe verstehen,
vor mir verschließt du die Schattenwelttür.
Sich offenbaren, das ist kein Vergehen.

Lang ist die Odyssee unserer Kür,
komm mir entgegen, ich werd auf dich warten.
Für deine Sorgen heg ich ein Gespür.

Geh eng umschlungen mit dir durch den Garten,
der paradiesisch als Eden benannt.
Was wird am Ausgang uns beide erwarten?

Alltagserwachen, bisher unbekannt,
täglich stellt sich die Beziehung zur Probe.
Nie ist in Feuersbrunst Liebe verbrannt.

Mobbing

Missachtet und verhöhnt, im Neid verlacht,
so findet die Intrige schnell ihr Ziel.
Des anderen Gefühl bleibt außer Acht,
auf Dauer schadet dies perverse Spiel.

Nach Frieden sich die Seele in mir sehnt,
ein Virus hat die Harmonie zerstört.
Dahin, was wuchs in mehr als ein Jahrzehnt,
die Warnzeichen hab ich wohl überhört.

Wer Mobbing treibt, ist auf sein Wohl bedacht,
die Psyche dieser Menschen ist schwer krank.
Sie ziehen beifallheischend in die Schlacht
und provozieren kollektiven Zank.

Die Opfer werden nicht genug geschützt,
zur Schlichtung sind Akteure kaum bereit.
Dem Mob den Kampf, was vielen letztlich nützt,
denn er ist Ausdruck von Abscheulichkeit.

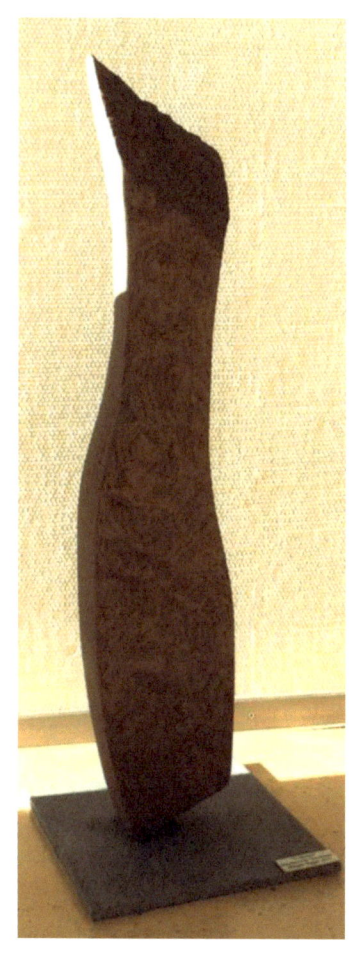

In Motion

Ewige Jugend

Will ihren Lebensstrom besiegen,
mit Botox und mit Silikon.
Nie kommt das Altern zum Erliegen,
nur Haut bezieht neu Position.

In Creme versteckt Q 10 zum Glätten,
deckt Poren zu, macht Falten platt.
Sie weiß, was Männer gerne hätten,
ein Oberflächenface, aalglatt.

Orangenhaut ist schlecht zu stoppen,
doch Fitnesstraining mindert dies.
Das Barbie-Image nicht zu toppen,
im Konkurrenzkampf äußerst fies.

Flanierend heischt sie Beifallsblicke,
doch ungeniert taxiert ihr Mann
die andren Frauen, junge, schicke,
Natürlichkeit hält ihn Bann.

In Ewigkeit währt Götterjugend,
exorbitant wär diese Tugend.

Raffinesse

Ein bildhübsches Blondchen, so Ende der Zwanzig,
stolziert Beifall heischend am Strande entlang.
Es geifern die Mäuler der Sorte „fast ranzig",
sie starren hypnotisch ihr nach, wie im Zwang.

Ihr String und die Kurven, mehr kann sie nicht bieten,
sucht lang schon verzweifelt nach Luxus und Geld.
Vergeblich traf sie auf meist schillernde Nieten,
ertragslos die Ernte, denn brach lag das Feld.

So schwebt sie in sexbetont reizendem Gange,
den Zufallsfund witternd mal hin und mal her.
Der Hüftschwung verführt, wie im Eden die Schlange,
die lüsternen Molche, das fällt ihr nicht schwer.

Sie wird ihn bald finden, den richtigen Deppen,
der sucht nach erotischer Vorzeigefrau.
Im Zweitfrühlingshoch ist er blind, leicht neppen,
sie plündert ihn aus, so läuft ihr Supergau.

Ritual

Relikt für uns, schon fast okkultgeladen,
trifft man zu viert sich an gewissem Ort.
Es gibt ein „Fleisch-hors-d'oevre" ohne Maden,
Kopfkinobilder spült der Wodka fort.

Es wird dem Richter, Arzt, Bestatter, Lehrer,
im Dämmerlicht am Tisch ein Kopf serviert.
Wir sind fast krankhaft Sinneslustverehrer,
ein jeder sich beim ersten Griff geniert.

Der Lehrer schneidet ab die Wangenteile,
gekonnt entnimmt der Arzt für sich das Hirn.
Bestatter schnappt ein Ohr in aller Eile,
dem Richter bleibt schlussendlich noch die Stirn.

Nur Knochenreste zeugen von dem Essen,
verschwinden in dem großen Abfalltopf.
Ein Lob dem Hausherrn wäre nicht vermessen,
servierte uns den besten Schweinekopf.

Liftgeschichten

Steh am Lift, ich will nach oben,
nutz die Fahrgelegenheit.
Lang erscheint die Wartezeit,
Aufzug kommt, mach mich bereit.
Drängelei, es ist soweit,
werd im Pulk hineingeschoben.

Erst ein Ruck, dann bleibt er stehen,
Angstphobie setzt sich in Trab.
Wurd schon oft das Ding zum Grab,
viele Tote, die es gab.
Urvertrauen, das ich hab,
hilft mir mehr als lautstark flehen.

Wie gestapelt harren alle,
Mief spickt meinen Horrortraum,
denn ein Furz durchdringt den Raum.
Der es war verrät sich kaum,
hielt den Druck nicht recht im Zaum,
explosiv die Fahrstuhlfalle.

Später las man in der Zeitung,
aller Nerven lagen blank.
Sind entstiegen dem Gestank,
als die Hoffnung fast versank.
Bergungsteam gebührt der Dank,
das war eine Einsatzübung.

Feste

Speisen im Überfluss, Duft von Gerichten,
dieses Buffet ist den Sinnen ein Schmaus.
Lang schon in Absicht gefastet voraus,
äugen die Gäste das Beste zu sichten.
Planen gedanklich, wie sie es wohl schichten.

Gierige Mäuler eröffnen den Reigen,
Tellergeschepper verbreitet sich laut.
Erst als sie sitzen und jedermann kaut,
hüllt sich der Raum in gefräßiges Schweigen.
Völlerei lässt manchen Blutdruck dann steigen.

Nach all dem Stress einen Glimmstängel rauchen,
Schnaps hinterher zum Verdauungsprozess.
Torte mit Sahne als Schlemmerexzess,
starker Espresso soll Leben einhauchen.
Noch ist die Zeit nicht reif unterzutauchen.

Trinken wie sinnlos die kärglichen Reste,
bleiben so lang, wie der Vorrat noch reicht,
bis sich der Suff in die Hirngänge schleicht.
Tun so, als gäbe es nie wieder Feste,
„Soll'n endlich gehen!", ertönen Proteste.

Gelüftetes Geheimnis

Tränenreich steht er am Grabe,
doch die Trauer ist gespielt.
Alles richtet sich gezielt
auf des Toten Wohlstandshabe.

Schon zu Lebzeit eine Gabe,
sich zum Schein galant verhielt.
Nach dem Testament geschielt,
wollte erben, dieser Knabe.

Meinte fälschlich, dass der Schwabe,
ständig Aktienplus erzielt.
Davon Ausschüttung erhielt,
niemals ging am Bettelstabe.

Lüstern zog es diese Schabe
hin zum Vorrat, wohlgezielt.
Doch der Nachlassbrief enthielt:
Schuldenberg zur Weitergabe.

Nur ein Spaß

Inmitten auf der Autobahn
sind im Galopp zwei Kühe.
Man glaubt, sie hätten Rinderwahn,
ihr Sprint, ganz ohne Mühe.
Missachten Überholverbot,
das Limit überschritten.
Bei Kollision wären sie tot,
ihr Hirn hat schwer gelitten.
Im Nacken sitzt die Bullerei,
dabei, die zwei zu jagen.
Ein Ochs drängt im Galopp vorbei,
verfolgt sie schon seit Tagen.
Im blinden Eifer sieht er nicht
die Spursperrhinweisschilder.
Bevor er sich den Nacken bricht,
wirkt er gereizt noch wilder.
Den Rindern droht Totalgaraus,
ein Fahrzeug kommt gefahren.
Bringt sie ins nächste Schlachterhaus,
um sie dort zu verwahren.
Zerlegt, nach dieser Raserei,
zwei Kühe und ein Bulle.
Im Nachhinein wohl einerlei:
Sie landen auf der Stulle.

Grausames Spiel

Er wollt mit ihr spazieren gehen,
hat sie im kalten Eis entsorgt,
den Spaten sich zuvor geborgt,
dabei hat niemand ihn gesehen.

Lang totgeglaubt im Frosteklirren,
entstieg dem Eisgrab seine Frau,
ihr half dabei der Frühjahrstau,
sie wollte ihn als Geist verwirren.

Ging mit ihr hin zu Meerestiefen,
stieß sie hinein ins Wassergrab,
sank vor ihm in die Tiefe ab,
es war sehr früh, wo alle schliefen.

Mit Hilfe auf des Wales Rücken,
erreichte sie das feste Land,
daheim ward er zur weißen Wand,
die Frau sie lachte voll Entzücken.

Ließ ihren Mann entmündigen,
ein Platz im Haus und Bett wurd frei,
rief ihren Liebhaber herbei,
vorbei das heimlich Sündigen.

Der Winter war ins Land gezogen,
sie lockte ihren Mann zum Eis,
entsorgte ihn dort tief und leis,
bekam den Tipp vom Psychologen.

Traummenü

Der Kühlschrank barg sechs Rinderwürstchen offen,
bisher verließ sie nicht ihr Lebensmut.
Ein Zugriff aus dem Urlaub nicht akut,
auf fremde Hilfe konnten sie nicht hoffen.

Der Nachbarsduft, das war ihr größtes Leiden,
die Tränen wurden Schleim, die Körper fahl.
Die Maden nahmen zu in ihrer Zahl,
der Käse obenauf war zu beneiden.

Er nutzte seine Chance davonzuschleichen,
entwich erwärmt den Ritzen im Papier.
Kam tropfend an im unteren Revier,
ein Stromausfall, der stellte seine Weichen.

Bereits geplatzt war jede Würstchenhülle,
dafür bedeckte sie ein Käsekleid.
Nach Wochen endlich endete ihr Leid,
als Traummenü versank es in der Gülle.

Sprudelnder Quell
Präsent in Reimen 4

erscheint im Herbst 2016

Aus dieser Reihe bisher erschienen:

Sprudelnder Quell, Präsent in Reimen 1,
ISBN: 978-3-7347-7379-2

Sprudelnder Quell, Präsent in Reimen 2,
ISBN: 978-3-7386-5673-2

Danke

Mein herzlicher Dank gilt all denen, die mir bei der Entstehung des dritten Bandes hilfreich zur Seite standen.

Maggie Sieger, für die eleganten Skulpturen.

Katja Reiss, in Zusammenarbeit mit Petra Kujat, für das Dalmatiner-Shooting.

Andrea Mix, der Besitzerin von Xantino (Guinness).

Claudia Konrad, für Satz und Covergestaltung.

Dr. Werner Engelhorn, für das Lektorieren.

Uschi Gassler, für viele hilfreiche Diskussionen und Tipps.

www.written-by-claudia.de
www.maggie.sieger.de
www.scheibenholz-dalmatiner.de
www.Tier-Foto-Grafik.de
www.text*rein*.de